國家圖書館特藏珍品

乾隆御製稿本西清硯譜

〔第十九册—第二十册〕

上海書畫出版社

第十九册

欽定西清硯譜目録

第十九冊

石之屬

舊端石瑞芝硯

此行即移下蟠桃一行寫於此

舊端石蟠桃硯

舊端石轆轤硯

舊端石雲雷編鐘硯 養性齋

舊端石瑞芝硯正面圖

繪圖十分之五

舊端石瑞芝硯說

硯高八寸寬七寸厚一寸四分老坑端石四邊天然畧加礱治為瑞芝形芝面正平為受墨處上刻小芝八枚芝莖稍窪處為墨池硯背刻為芝蔕並上復歧生五芝下方鐫

御題詩一首楷書鈐寶二曰比德曰朗潤匣蓋並鐫是詩隸書鈐寶二曰乾隆

御製題舊端石瑞芝硯

生巖似桂却無芳本石應非追琢章晦夜詎離三百步

英英早合見其光

舊端石蟠桃硯正面圖

繪圖十分之八

四

舊端石蟠桃硯說

硯高四寸五分上寬四寸下銳不及三分之二舊
水坑子石天然刻作桃實兩面桃葉覆之蒂旁微
凹為墨池磨礲純熟洵出名手所製硯背鐫
御題詩一首楷書鈐寶二曰古香曰太璞匣蓋並鐫是
詩隸書鈐寶二曰會心不遠曰德充符是硯石質
嫩而澤左側有水蛀處昔人論水岩佳品所謂
撫不留手柔若無骨者此庶近之

御製題舊端石蟠桃硯
水岩石子閱千秋因其天然稍雕鏤撫泯痕跡手不留
疑是王母漢宮遊贈之其核化琳球却笑方朔無能偷

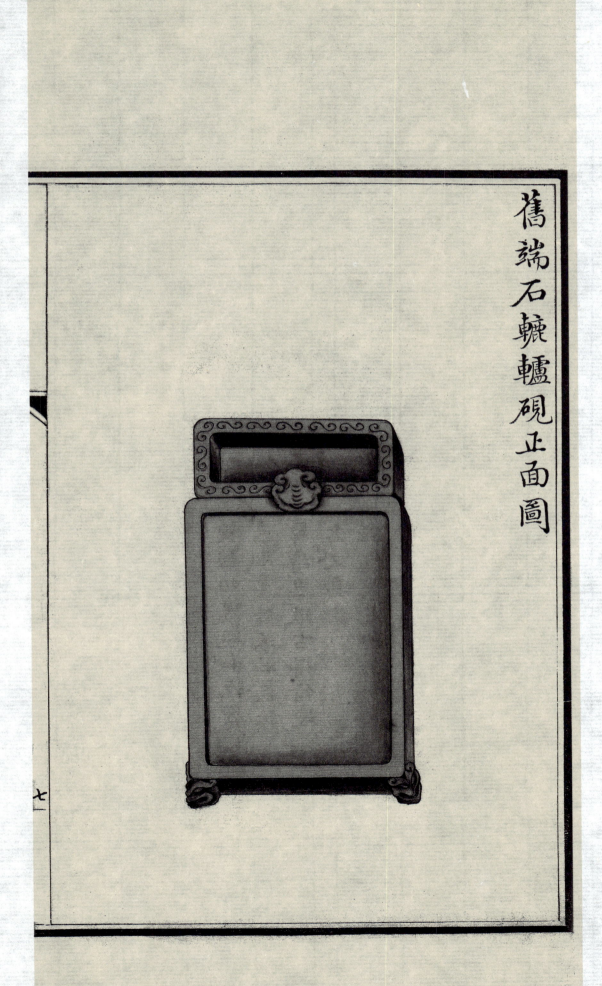

舊端石轆轤硯正面圖

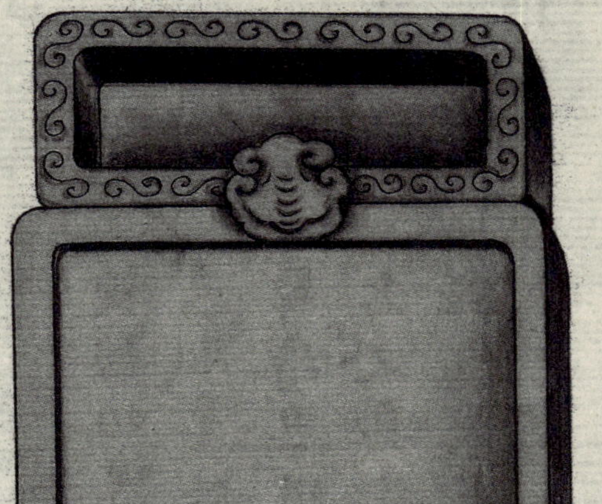

七

舊端石轆轤硯說

硯高三寸二分許上寬一寸七分許下寬一寸九分厚三分許水坑舊端質嫩而澤墨池與受墨處離而為二中為樞紐形如轆轤池邊周刻臥蠶文硯背額隆起下為二足抱以獸面俱離几約分許中鐫

御題詩一首楷書鈐寶二曰比德曰朗潤匣蓋並鐫是詩隸書鈐寶同考古玉圖載黃玉鹿盧環

御製題舊端石轆轤硯

轆轤紐界硯和池意蓝心芽啓沃滋設詠韓詩思汲古

得脩綆者又真誰

九

舊端石雲雷編鐘硯正面圖

舊端石雲雷編鐘硯下方側面圖

編鐘摹漢抑摹周隱現雷紋雲氣流水部設如方待扣金聲擲地亦相投
乾隆戊戌御題

御製題舊端石雲雷編鐘硯

編鐘摹漢抑摹周隱現雷紋雲氣流水部設如方待扣

金聲擲地亦相投

十二

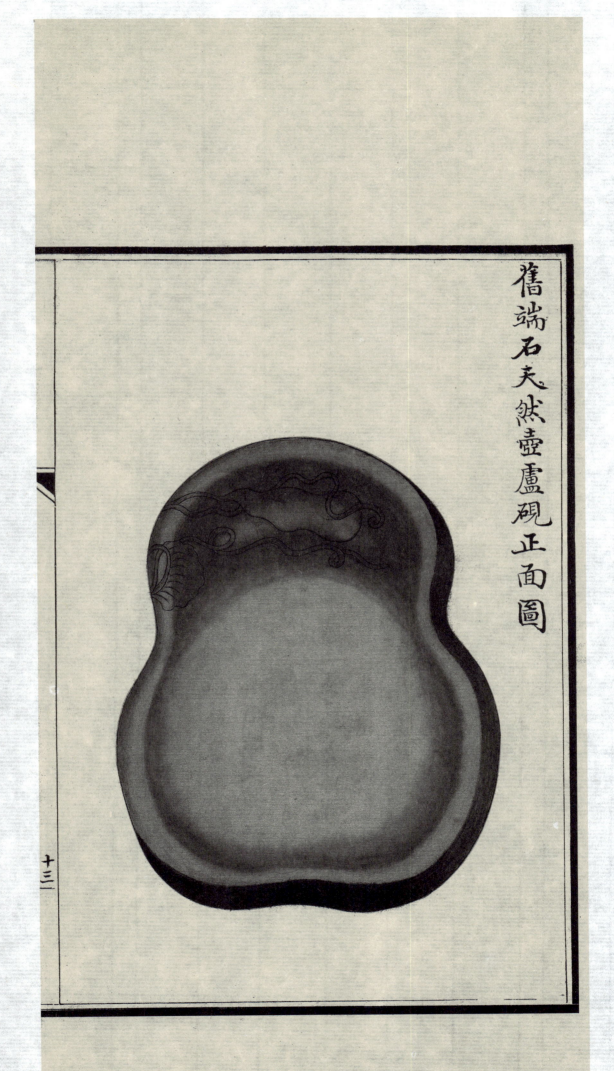

舊端石天然壺盧硯正面圖

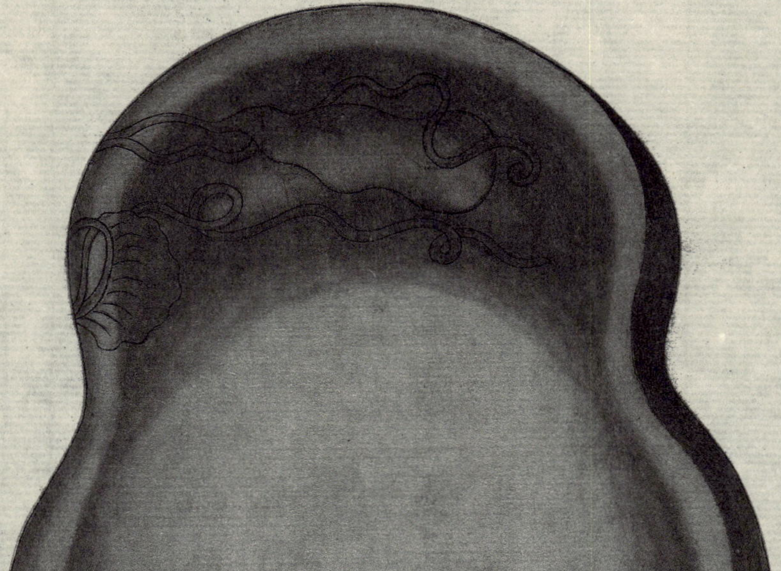

十三

舊端石天然壺盧硯説

硯高四寸三分上寬二寸七分下寬三寸三分中徽束天然成瓠形厚三分許水坑端石質極細嫩墨池略窪中刻小壺盧一葉蔓縈繞自然渾妙昌黎詩云磨礱去圭角浸潤著光晶此硯得之硯背刻匏葉一亦具偏反之勢下方鐫

御題詩一首楷書鈐寶二曰比德曰朗潤匣蓋並鐫是詩隸書鈐寶同

十四

御製題舊端石天然壺盧硯

雕幾曾不藉多加形賦天然絲蔓拏憐彼耕而弗獲者

無端還擬歎匏瓜

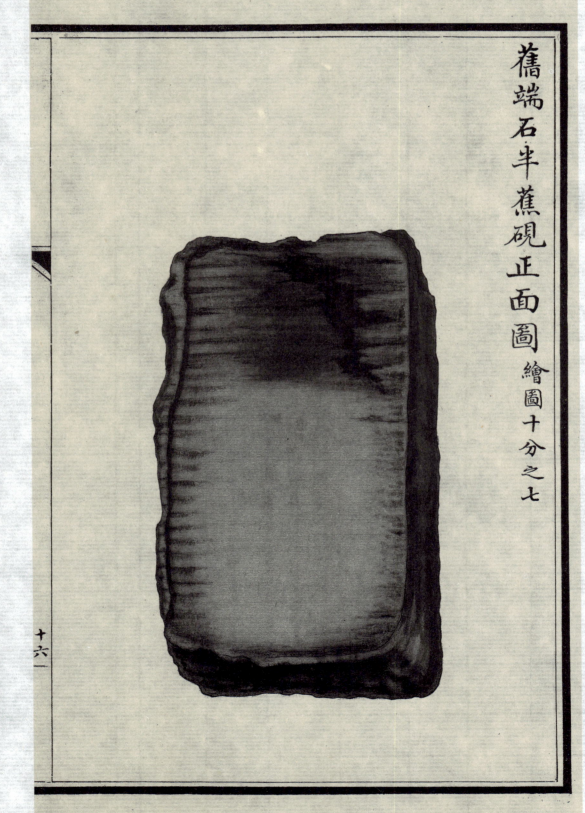

舊端石半蕉硯正面圖

繪圖十分之七

舊端石半蕉硯說

硯高五寸七分寬三寸五分厚七分舊水阬端石質細而潤因其自然略加琢治爲蕉葉半幅上方凹爲墨池左邊微捲右邊直勒爲梗橫理縷縷儼有披風滴雨之趣硯背鐫

御題詩一首楷書鈐寶二曰比徳曰朗潤匣蓋並鐫是詩隸書鈐寶二曰幾暇怡情曰得佳趣

御製題舊端石半蕉硯

橫文破葉意精含棐几應教置以南設贈藏真書自叙

綠天剪處主賓參

十八

舊端石七光硯正面圖 繪圖十分之六

十九

舊端石七光硯上方側面圖

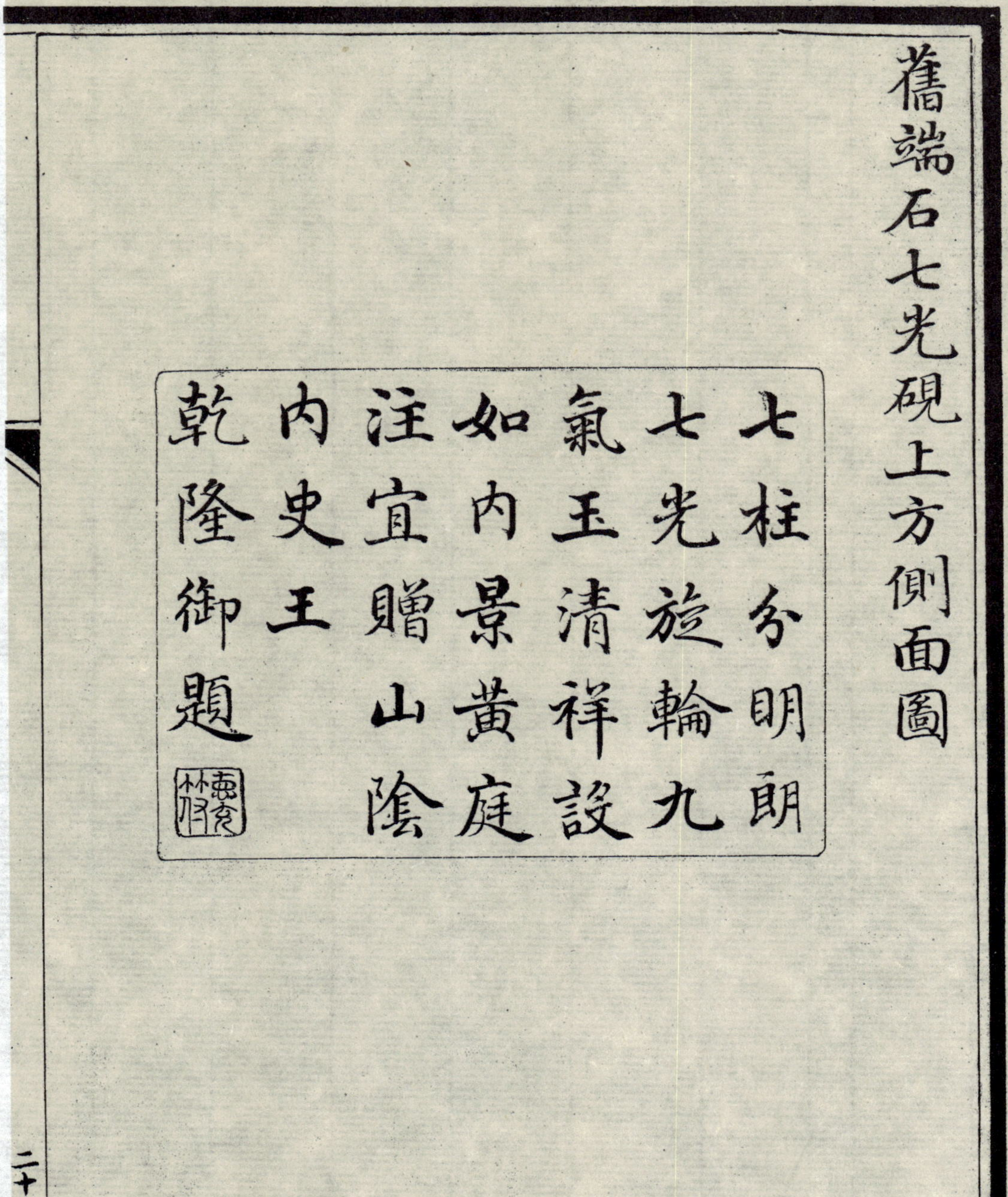
七柱分明朗
七光旋輪九
氣玉清祥設
如内景黃庭
注宜贈山陰
内史王
乾隆御題

二十

御題詩與硯同隸書鈐寶二曰乾隆

二十一

御製題舊端石七光硯

七柱分明朗七光旋輪九氣玉清祥設如内景黄庭注
宜贈山陰内史王

舊端石飛黄硯正面圖 繪圖十分之八

舊端石飛黃硯下方側面圖

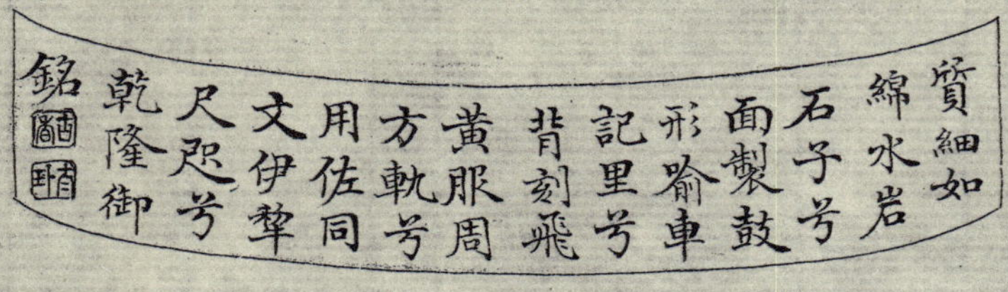

御題銘與硯同隸書鈐寶二曰會心不遠曰德充符

御製舊端石飛黃硯銘

質細如綿水岩石子兮面製鼓形喻車記里兮背刻飛黃服周方軌兮用佐同文伊犁尺咫兮

御題詩不寫於此處
今已另補圖一頁
可移寫於下頁

舊端石七星石渠硯正面圖

繪圖十分之七

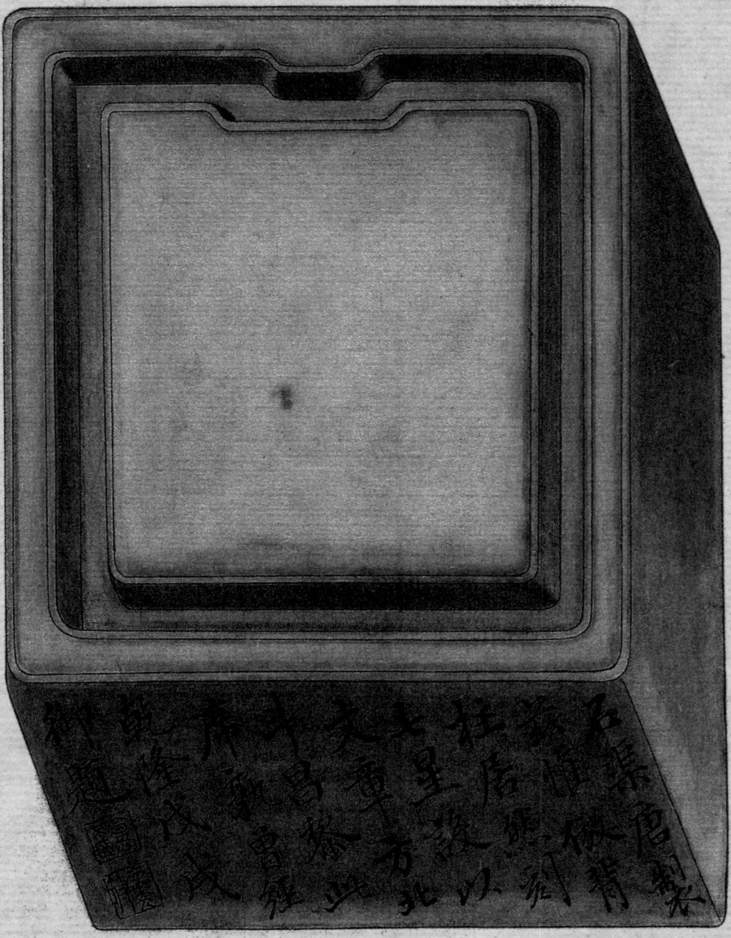

舊端石七星石渠硯下方側面圖

石渠唐製
茲惟倣背
柱居然刻
七星設以
文章方北
斗昌黎此
席孰曾經
乾隆戊戌
御題

後半頁
接寫說

舊端石七星石渠硯說

硯高四寸四分寬四寸厚一寸七分舊老坑端石

硯首石渠外微凸上有活眼一縈小而潤側面下

方鐫

御題詩一首楷書鈐寶二曰會心不遠曰德充符匣蓋

並鐫是詩隸書鈐寶二曰幾暇怡情曰得佳趣覆

手深一寸刻石柱七柱各有眼羅列如斗杓是硯

雖仿唐石渠式而石渠較淺狹背刻七星稍失古

二十九

御製題舊端石七星石渠硯

石渠唐製茲惟倣背柱居然刻七星設以文章方北斗

昌黎些席孰曾經

三十

舊端石仿唐石渠硯正面圖

繪圖十五之八

舊端石仿唐石渠硯說

硯高三寸五分寬三寸三分厚一寸舊端溪水岩石硯面正方受墨處外周環以渠上方微凹如仰月邊周刻流雲紋側四面各刻陽文螭虎一餘地多陰文淺雕蟠螭形四角有趺雕獸面承硯離几七分許硯背覆手刻作兩層四角各有如意形斜屬於趺中鐫

御製題銘一首楷書鈐寶二曰古香曰太璞匣蓋裏並鐫

御製舊端石仿唐石渠硯銘

石渠式肇自唐水崖質選其良舊弆王令得羊一再詠

斐文房慎所好增徬徨

三十三

第二十册

欽定西清硯譜目錄 卷二十

第二十冊

三行
○9 石之屬

舊蕉白緘鎖硯 懋勤殿

舊蕉白雙螭硯 懋勤殿

舊蕉白瓠葉硯 昭仁殿

舊蕉白雙螭瓦式硯

舊蕉白龍池硯 自鳴鐘

舊蕉白織鎖硯說

硯高四寸一分寬二寸五分厚五分舊端溪蕉葉白也長方式硯面正平墨池刻作鎖式上集鳳鳥一周刻綯紋外環臥蠶側面周刻螭虎覆手鐫

御題銘一首楷書鈐寶一曰德充符匣蓋並鐫是銘隸書鈐寶一曰乾隆宸翰

御製舊蕉白緘鎖硯銘

匪金人可緘口慎絲綸宣以手用卅年如故友

舊蕉白雙螭硯正面圖

舊蕉白雙螭硯說

硯高三寸八分寬二寸五分厚四分許舊水岩蕉葉白也硯面受墨處深凹墨池刻作雙螭交紐邊周刻卧蠶紋覆手鐫

御題銘一首楷書鈐寶一曰幾暇怡情是硯石質細而有芒發墨宜筆製作亦極精緻匣蓋鐫

御題銘與硯同隸書鈐寶一曰乾隆宸翰

御製舊蕉白雙螭硯銘

臨池摛藻昏無進硯如故也悉則信

六

舊端蕉白瓠葉硯正面圖

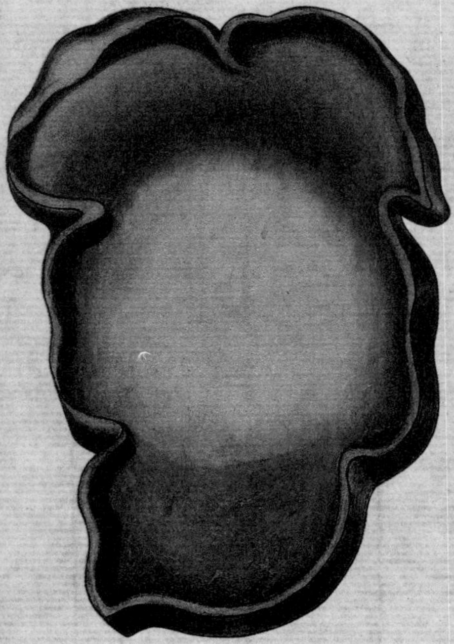

七

舊端蕉白貉葉硯側面圖

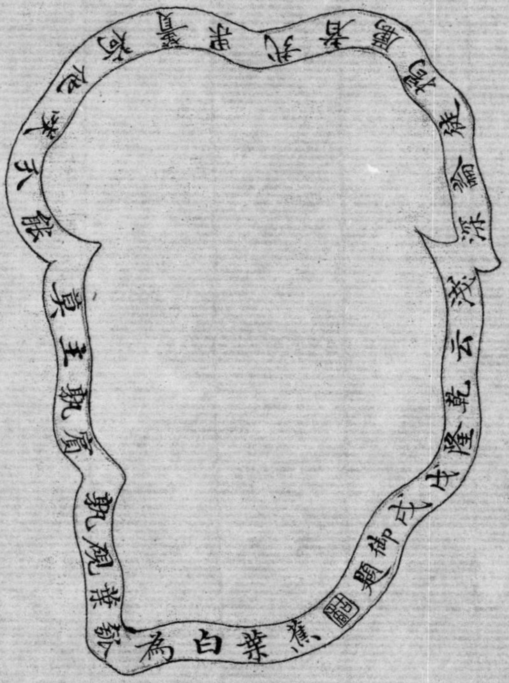

御製題舊端蕉白瓠葉硯

蕉葉白為瓠葉硯孰賓孰主莫能分笑他荷蕢果哉者

厲揭徒論深淺云

九

舊端石蕉白雙螭瓦式硯正面圖 繪圖十分之七

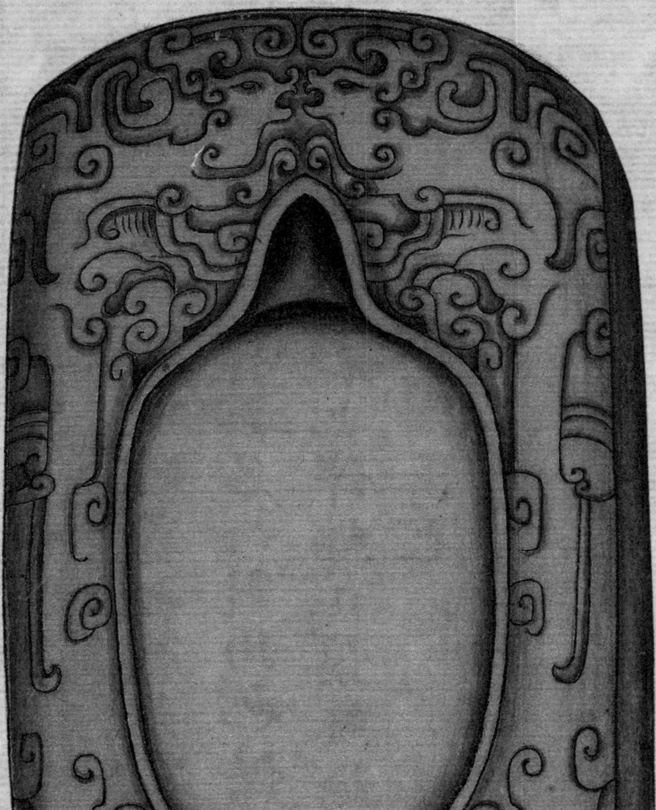

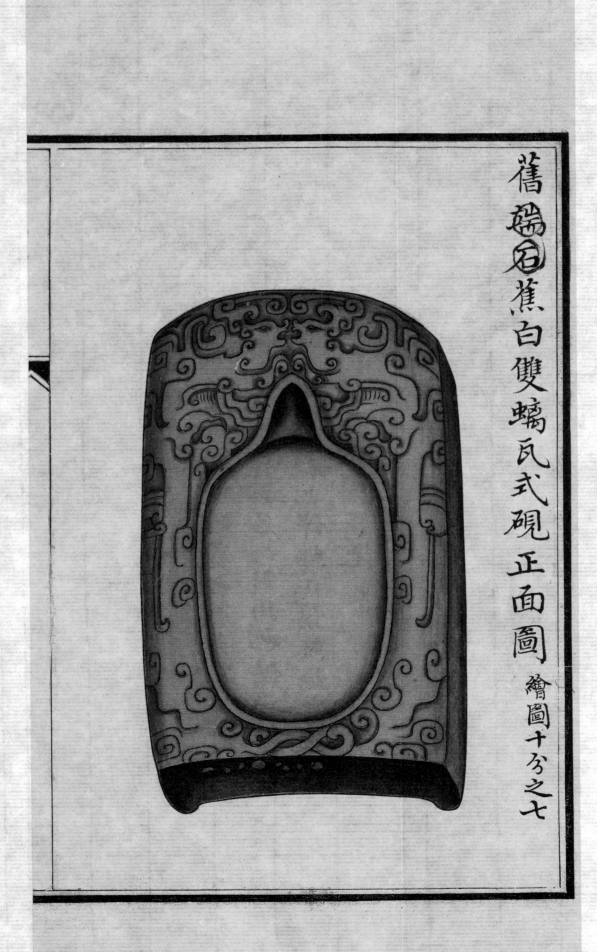

舊端石蕉白雙螭瓦式硯說

硯高六寸寬四寸厚五分水坑蕉白質極細潤仿瓦式為之面周刻雙螭左右內向受墨處橢圓而刳其上背如瓦筒穹起兩跗離几三分許上方有金線豎文一道中鐫

御題銘一首楷書鈐寶二曰會心不遠曰德充符匣蓋並鐫是銘隸書鈐寶同

舊端蕉白龍池硯正面圖

繪圖十分之八

十三

隸書鈐寶一曰幾暇怡情匣蓋外鐫龍池二字下有蕉
林珍賞四字俱隸書傍有玉立二字長方印一查
梁清標字玉立號蕉林正定人
本朝順治年間官至大學士精於鑒賞收藏法書名
畫皆入神品是硯固亦舊製而經其鑒藏者

十五

御製舊端蕉白龍池硯銘

舊阬之白號蕉葉兮玉潤金堅剛柔協兮既圓而楕製穩貼兮墨池弗涸有波疊兮龍守其珠緯蕭涉兮書而供跳王之帖兮文而寓雕劉之勰兮問誰所珍蕉林箧兮何来西清伴芸笈兮一誦旅獒懃弗愜兮

十六

舊端蕉白瓜瓞硯説

硯高六寸五分寬四寸七分左上方微削三之一

舊坑蕉葉白端石也色凈緑斜帶金線紋墨池凹

處形如瓜懸環刻葉蔓繞出硯背懸小瓜一兩側

駁落俱有天然石脈如澹金色下鐫

御題銘一首楷書鈐寶二曰比德曰朗潤匣蓋並鐫是

銘隸書鈐寶二曰幾暇怡情曰得佳趣

十八

御製舊端蕉白瓜瓞硯銘

瓜緜瓞蔓以成也性相近習遠情也濡墨摛毫貴研精也吾於瓜瓞之硯不徒緬周雅詠民之初生也

舊緑端洛鵞硯正面圖

繪圖十分之六

舊綠端洛鸂硯下方側面圖

柳溪蘆岸極
幽閒坤數鸂
鶒洛箇閒不
必蘭亭景彿
曡得之象外
破天慳
乾隆戊戌春
日御題
幾暇怡情
得佳趣

二十

御製題舊緑端石浴鵞硯

柳溪蘆岸極幽閒坤數鵞羣浴箇閒不必蘭亭景佈置

得之象外破天慳

二十二

舊紫端朗月跡星硯正面圖 繪圖十分之八

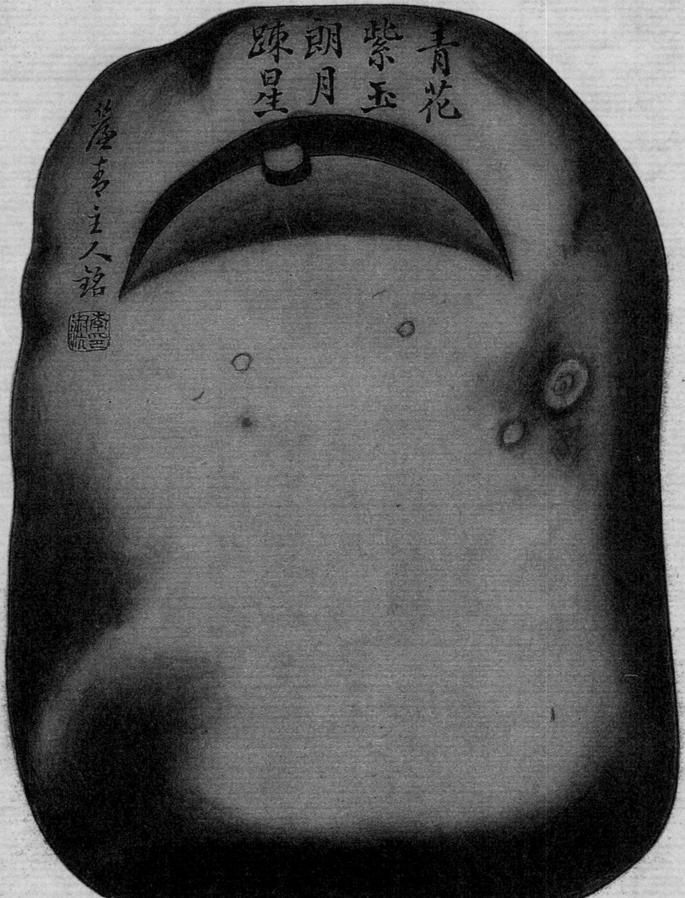

舊紫端朗月踈星硯說

硯高五寸七分寬三寸八分許厚一寸一分水坑紫端瑩潤如玉中涵青花硯面正平墨池作偃月形上下左右鸜鵒活眼散布如星惟池中一眼凸為柱池上方鐫青花紫玉朗月踈星八字池旁有薰青主人銘五字欵俱行書下有李溆流印四字方印一李溆流無考左側及右邉俱有天然鱔血斑硯背正平上為圓池如滿月下鐫

二十四

御製題舊紫端朗月踈星硯
李氏淑沆何許人踈星朗月識龍賓應知作者深於詠
四字全該摘句神

二十五

舊紅絲石鸜鵒硯説

硯高五寸寬三寸三分厚七分舊坑紅絲石為之橢圓式琢為鸜鵒形色黄而澤硯面正平斜帶紅絲縷縷墨池上左方鸜鵒首亦帶紅絲赤如雞冠左顧作飲水狀左右側兩翼下垂下左方尾上捲翎羽分明生動可愛覆手長方中鐫

御題詩一首楷書鈐寶二曰會心不遠曰德充符匣蓋並鐫是詩隷書鈐寶一曰幾暇怡情考高似孫硯箋載

御製題舊紅絲石鸜鵒硯

鴻漸不羨用為儀石亦能言製亦奇疑是禰衡成賦後鏤肝吐出一絲絲

△〇〇〇西清硯譜
卷十九目録

舊端石天然壺盧硯 養和精舍

舊端石半蕉硯 賞皇六子

舊端石七光硯 賞皇十一子

舊端石飛黃硯 賞皇十五子

舊端石七星石渠硯 賞皇十七子

舊端石倣仿唐石渠硯 賞皇十七子

舊端石瑞芝硯背面圖

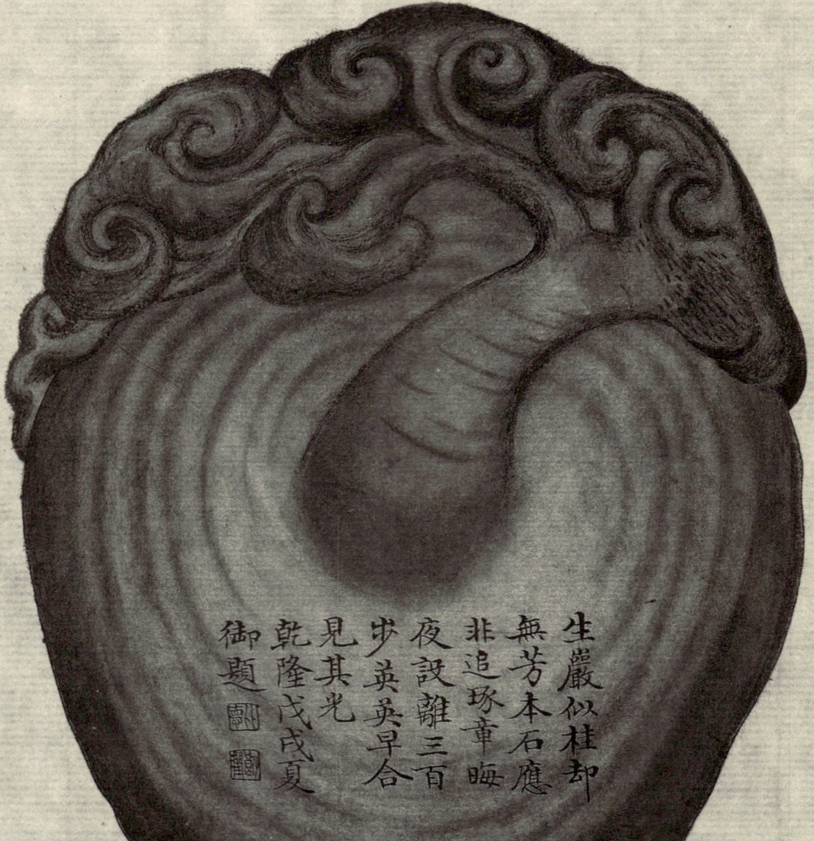
生巖似桂却
無芳本石應
非追琢章晦
夜設離三百
步英英早合
見其光
乾隆戊戌夏
御題

舊端石蟠桃硯背面圖

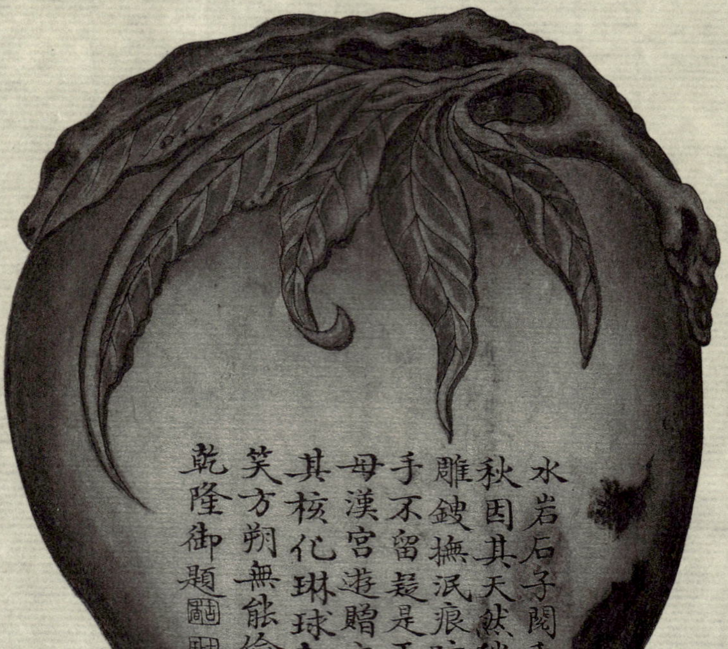
水岩石子閲千
秋因其天然稍
雕鎪撫泯痕跡
手不留疑是王
母漢宮遊贈之
其核化琳球却
笑方朔無能偷
乾隆御題

舊端石轆轤硯背面圖

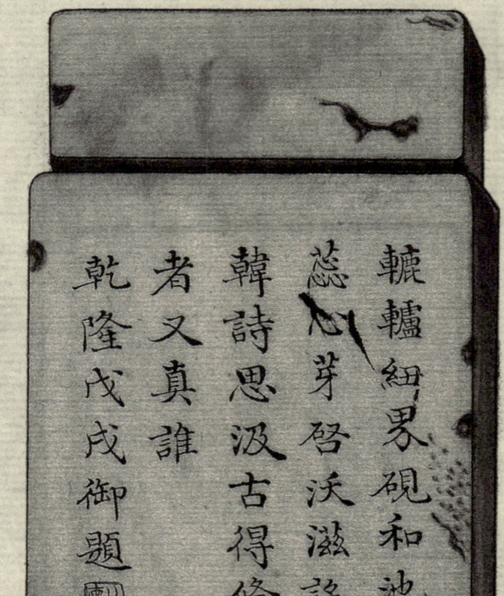

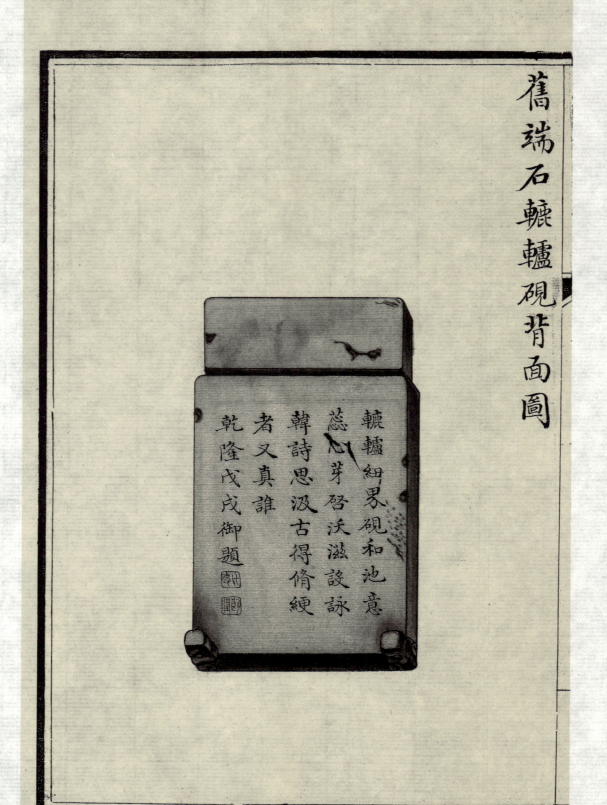

形製與此相合硯蓋仿為之而製作之工墨鏽之
厚允為小品家佳者

舊端石雲雷編鐘硯背面圖

舊端石雲雷編鐘硯說

硯為編鐘式高三寸八分旋出三分許銑寬二寸八分舞寬二寸二分厚五分舊端溪蕉葉白也邊刻流雲硯背圓抱如半鐘中刻雲雷紋鼓間微空欒間鐫

御題詩一首楷書鈐寶二曰古香曰太璞匣蓋並鐫是詩隸書鈐寶一曰得佳趣

舊端石天然壺盧硯背面圖

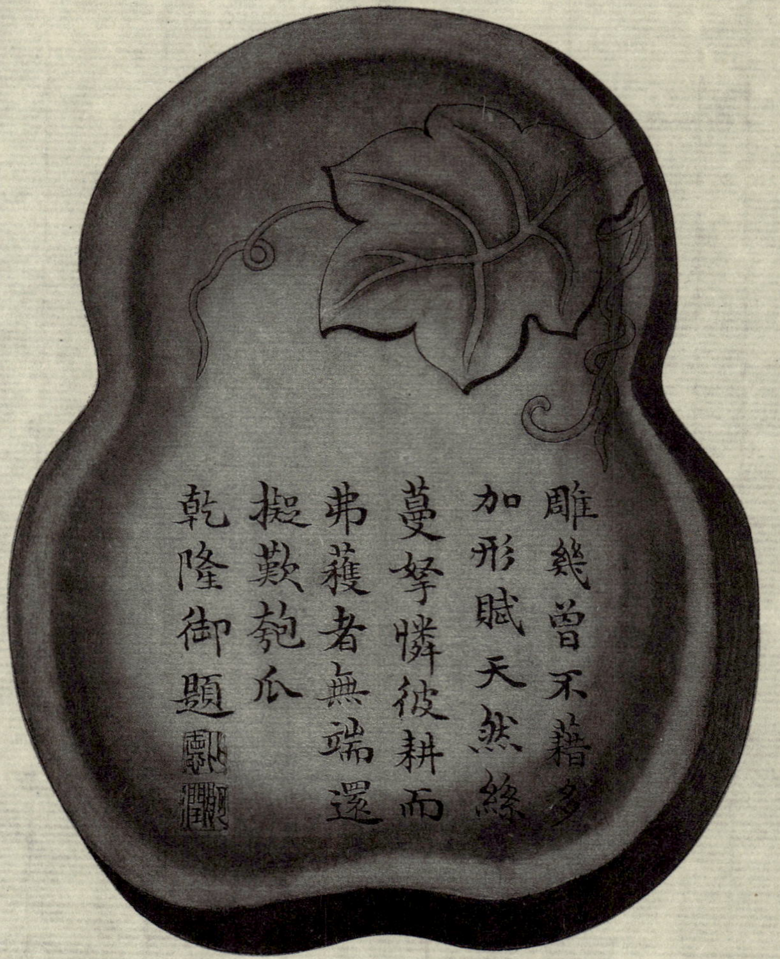

舊端石半蕉硯背面圖

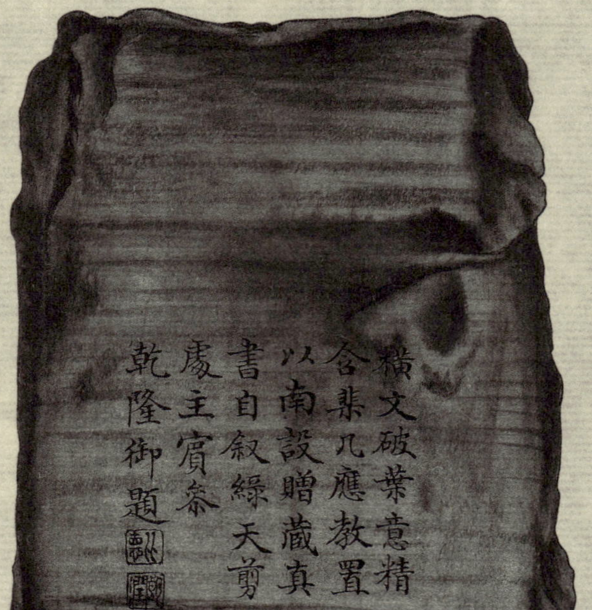

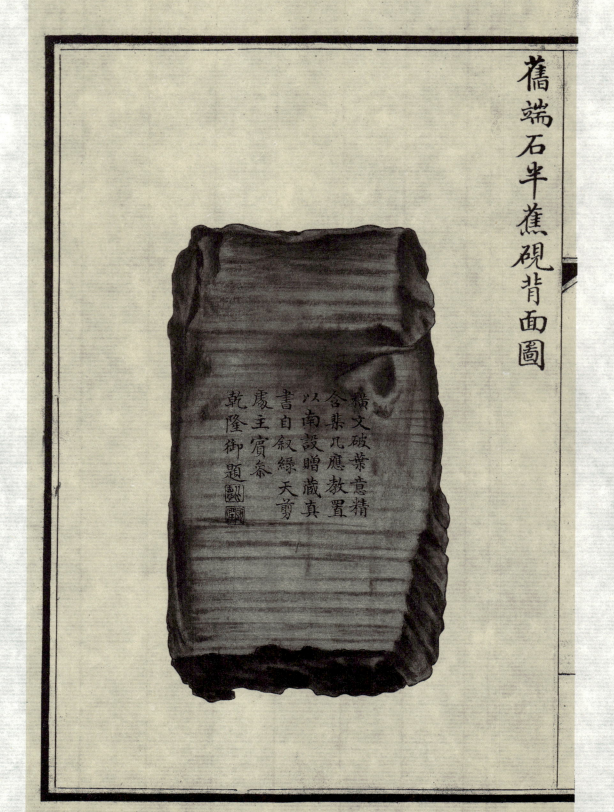

舊端石七光硯背面圖

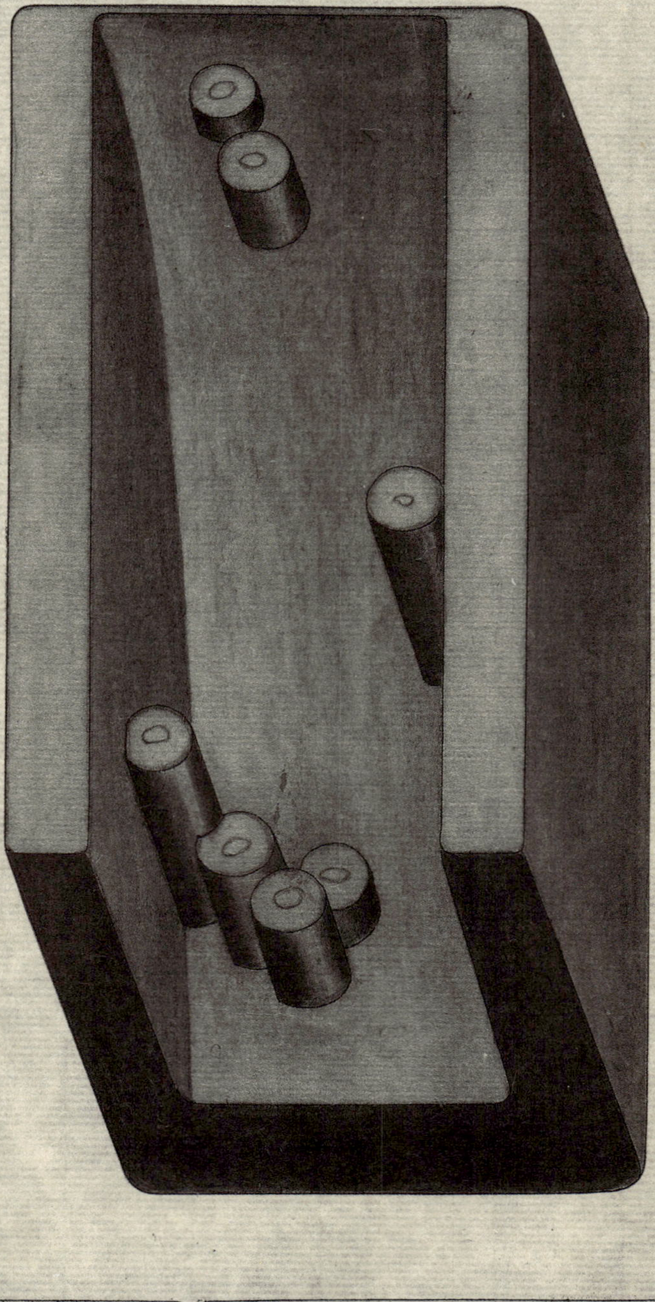

舊端石七光硯說

硯高六寸五分寬三寸九分厚二寸九分宋水坑端石也橫理蕉白青花隱隱温潤如玉硯首正中有鸜鵒活眼一圓暈明朗上方側鐫

御題詩一首楷書鈐寶一曰德充符覆手七柱亦各有眼雲笈七籤云七光大明旋輪九氣上應玉清是硯柱眼圓朗文光上澈足爲翰墨林中徵瑞應矣

匣蓋鐫

舊端石飛黄硯背面圖

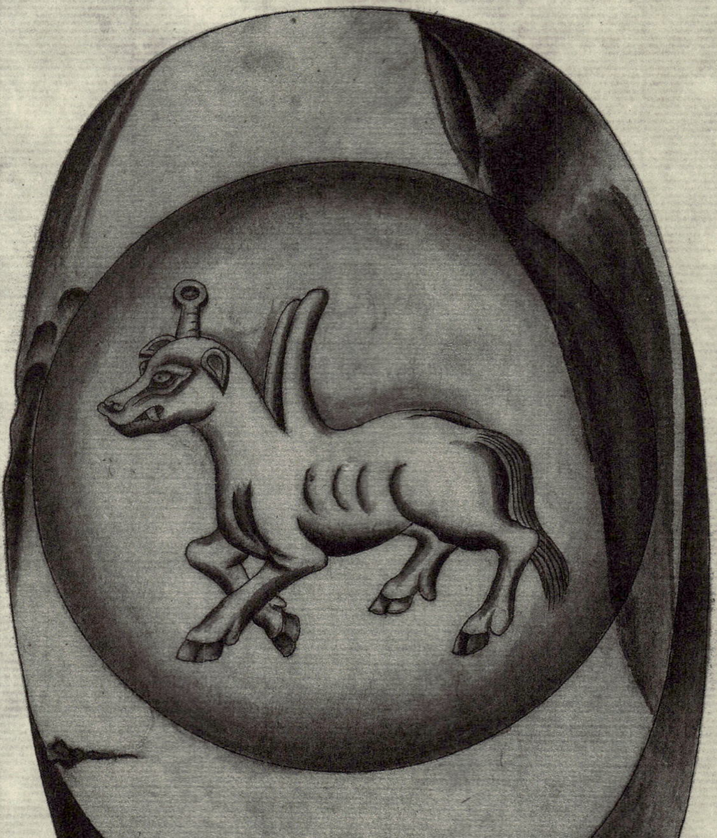

舊端石飛黄硯説

硯高五寸五分寬四寸厚七分許舊水岩端石爲之橢圓式受墨處正圓上方墨池刻爲偃月形深二分外環以規窗釘如鼓腔規上下刻四蝠硯背左右微削覆手𠀾正圓中刻飛黄一下方側鐫

御題銘一首楷書鈐寳二曰古香曰太璞考淮南子云黄帝時飛黄服皁又黄帝内傳稱帝制記里鼓車是硯背刻飛黄而面爲鼓形當取義於斯匣蓋鐫

舊端石七星石渠硯背面圖

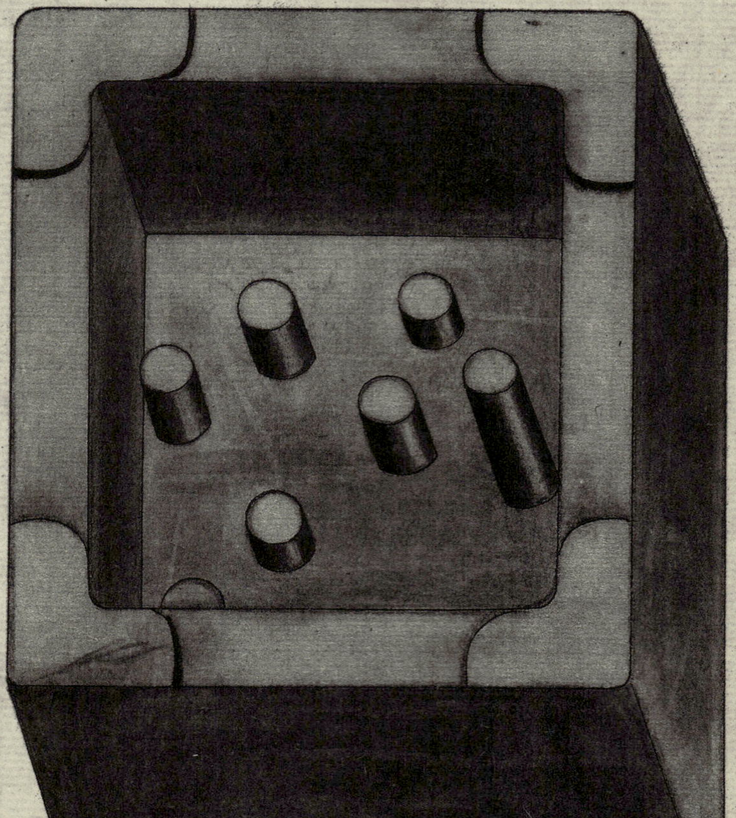

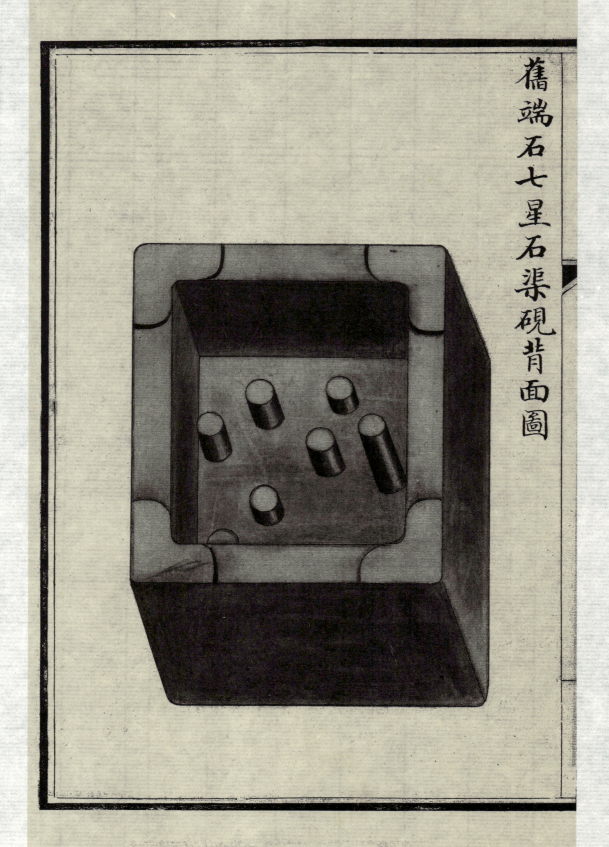

意苐石質細潤不失為端溪佳品

舊端石倣唐石渠硯背面圖

是銘隸書鈐寶二曰乾隆是硯石質細潤雕鏤工緻係

仿唐澄泥石渠硯為之者

欽定西清硯譜二

舊蕉白瓜瓞硯 賞皇十五子

舊綠端浴鵞硯

舊紫端朗月踈星硯

舊紅絲石鸜鵒硯

舊蕉白緘鎖硯背面圖

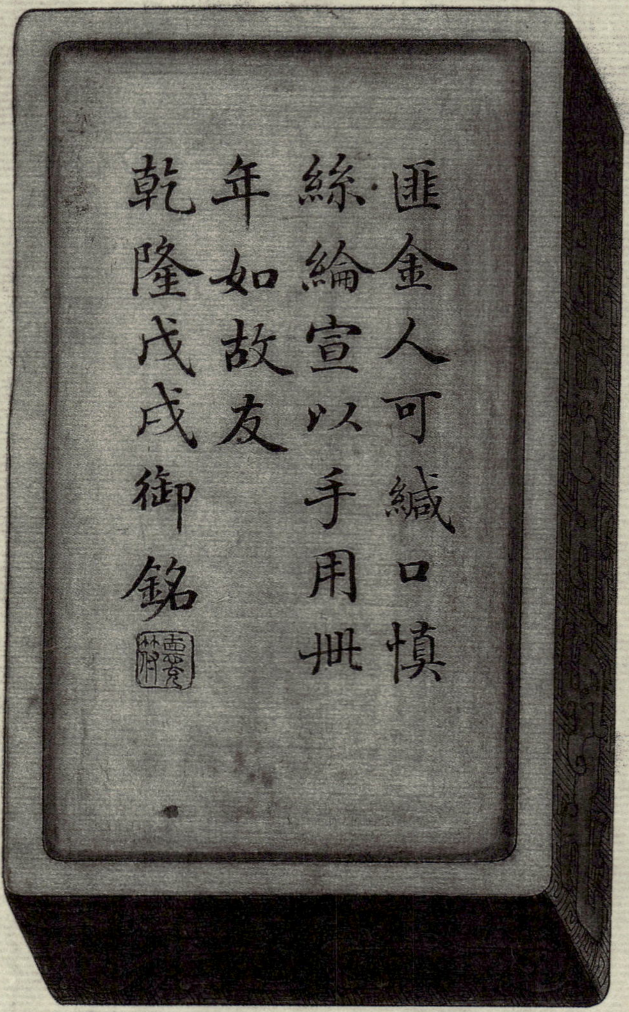
匪金人可緘口慎
絲綸宣以手用卌
年如故友
乾隆戊戌御銘

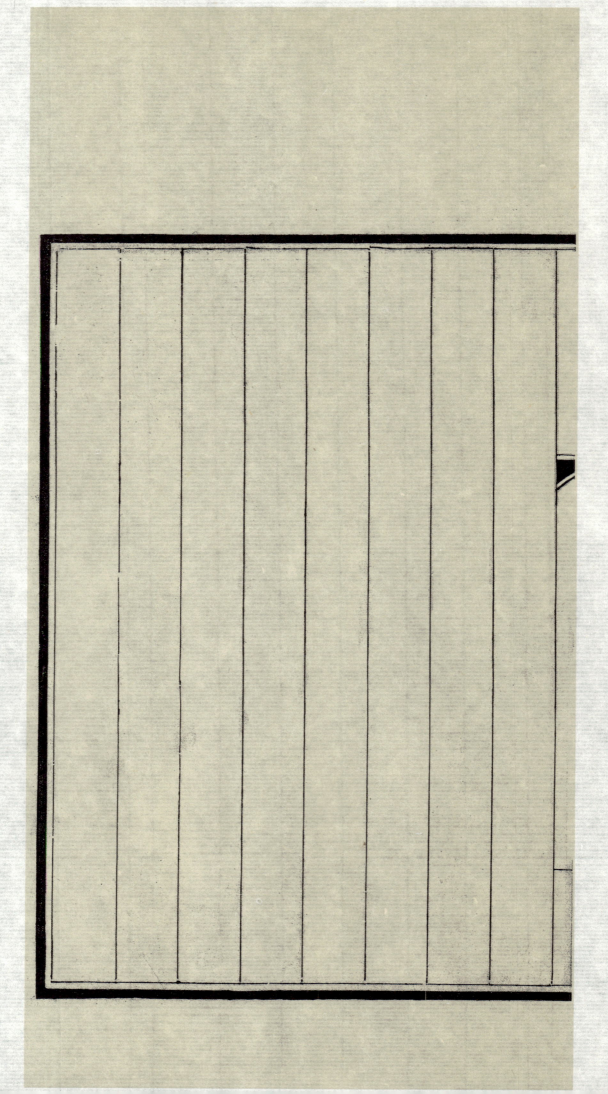

舊蕉白雙螭硯背面圖

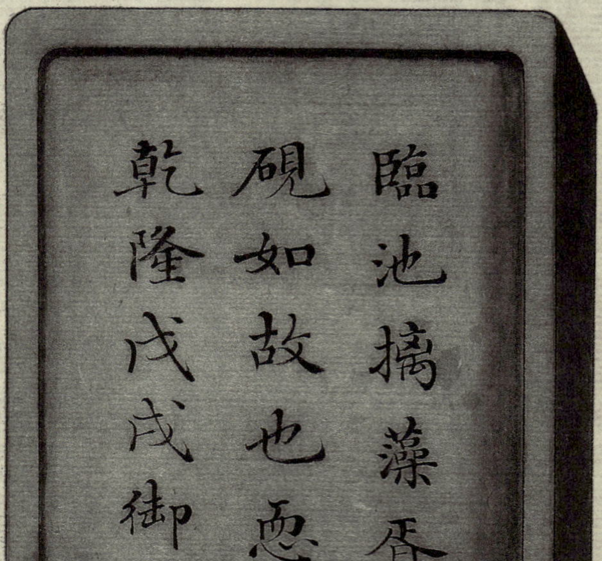
臨池摛藻胥無進
硯如故也恐則信
乾隆戊戌御銘
幾暇怡情

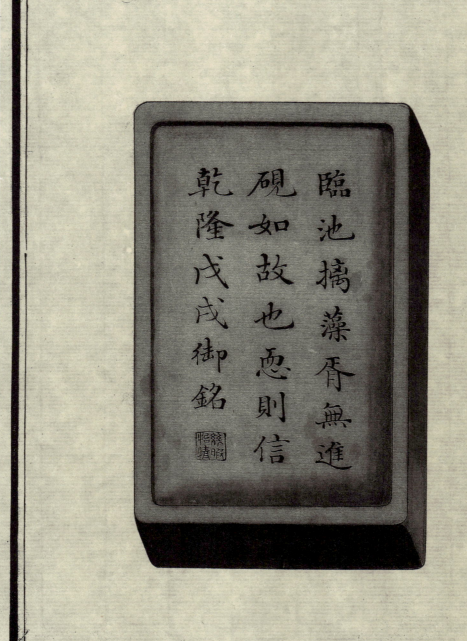

舊端蕉白瓠葉硯背面圖

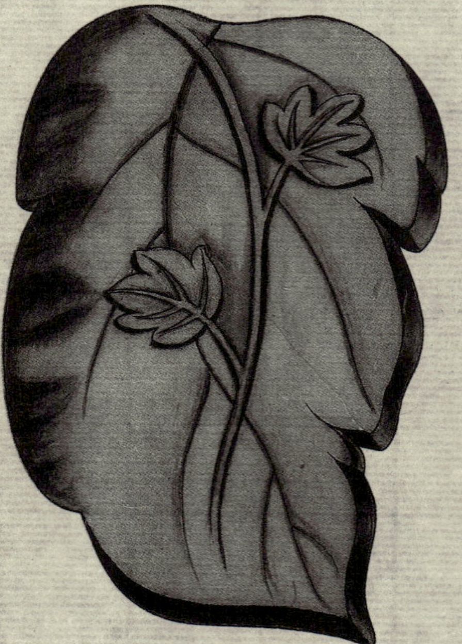

舊端蕉白瓠葉硯説

硯高二寸八分寬一寸八分許而下微歛舊端溪蕉葉白琢為瓠葉形近蒂處為墨池四周葉邊內卷以故硯體小而能聚墨不漏也池左旁微刓覆手剜為葉背小葉二岐出莖蔓宛然左方因石自然略加磨治彌見天趣側面周鐫

御題詩一首楷書鈐寶一曰古香匣蓋並鐫是詩隸書

鈐寶二曰乾隆

舊端石蕉白雙螭瓦式硯背面圖

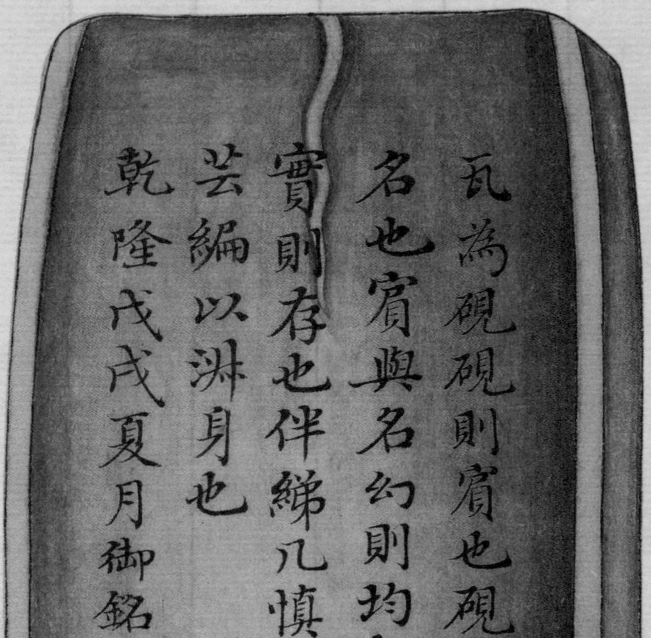
瓦為硯硯則賓也硯肖瓦瓦則
名也賓與名幻則均也供染翰
實則存也伴綈几慎絲綸也味

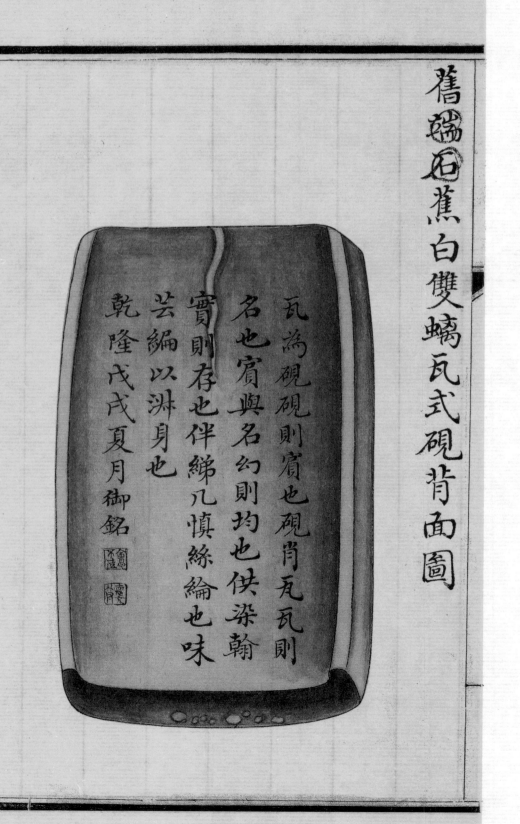

舊端蕉白龍池硯背面圖

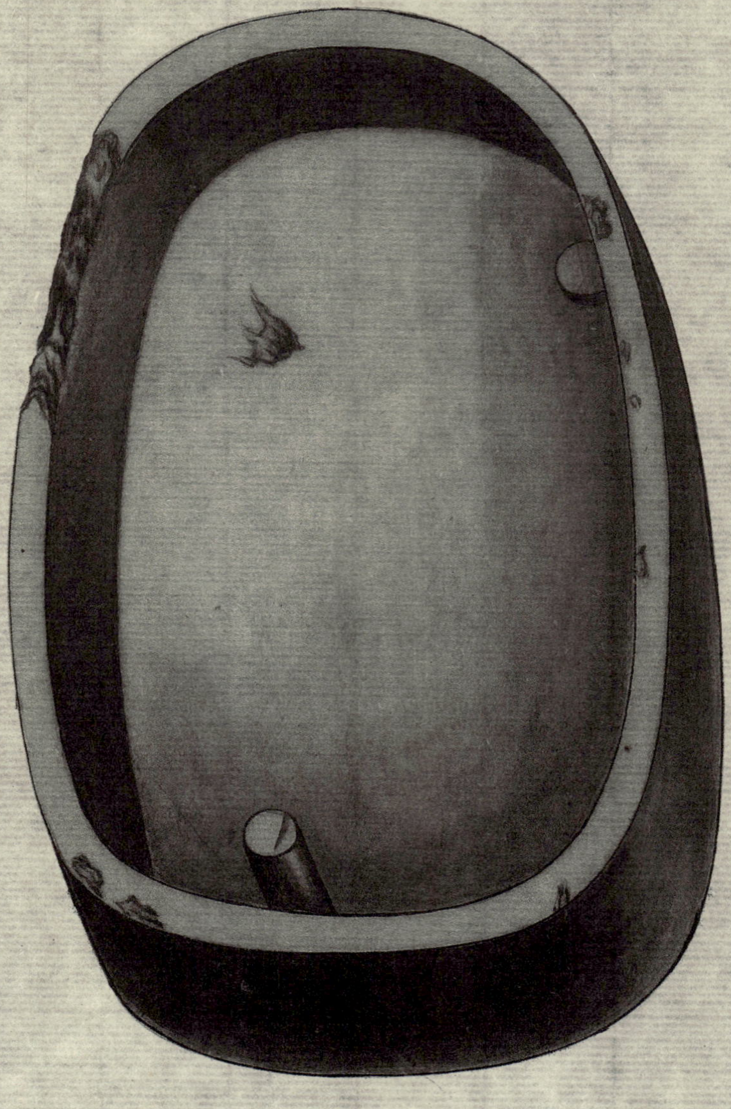

舊端蕉白龍池硯說

硯高五寸三分寬三寸八分橢圓式而下稍豐厚一寸五分舊坑蕉葉白端石也側理爲之膩潤如玉面周環帶文墨池中刻出水龍一左有鸜鵒眼一如龍之戲珠勢極飛動覆手深幾及寸右上方及下方長短二柱各有眼面邊及左跗微有剡缺

側面周鐫

御題銘一首楷書鈐寶一曰得佳趣匣蓋内並鐫是銘

舊端蕉白瓜瓞硯背面圖

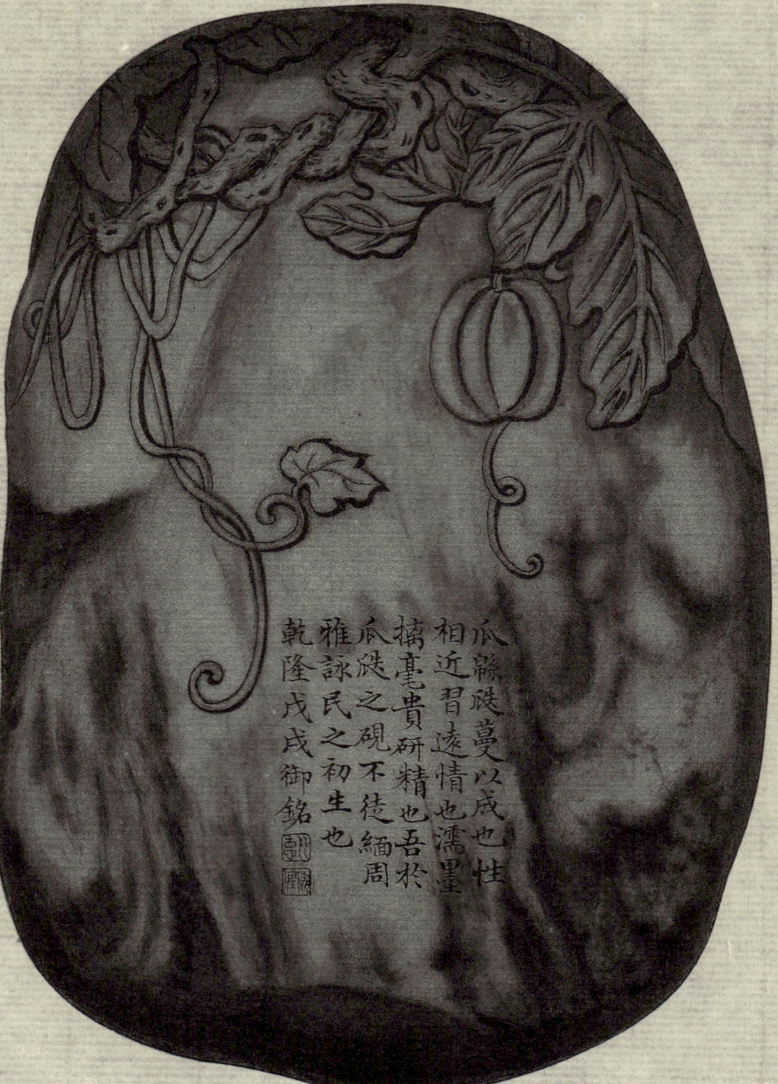
瓜緜瓞蔓以成也性
相近習遠情也濡墨
摛毫貴研精也吾於
瓜瓞之硯不徒緬周
雅詠民之初生也
乾隆戊戌御銘

舊綠端浴鵞硯背面圖

舊緑端石浴鵞硯説

硯高六寸七分寬四寸一分厚二寸二分舊坑緑端石色質俱佳硯面正平墨池深廣覆手深半寸許刻柳溪蘆岸石峡瀑水噴珠濺玉浴鵞凡六極生動之致雖不署欵信佳手所製下方側鐫

御題詩一首楷書鈐寶二曰幾暇怡情曰得佳趣匣盖並鐫是詩隷書鈐寶二曰乾隆

舊坑端朗月跡星硯背面圖

御題詩一首楷書鈐寶二曰會心不遠曰德充符匣蓋
並鐫是詩隸書鈐寶一曰幾暇怡情

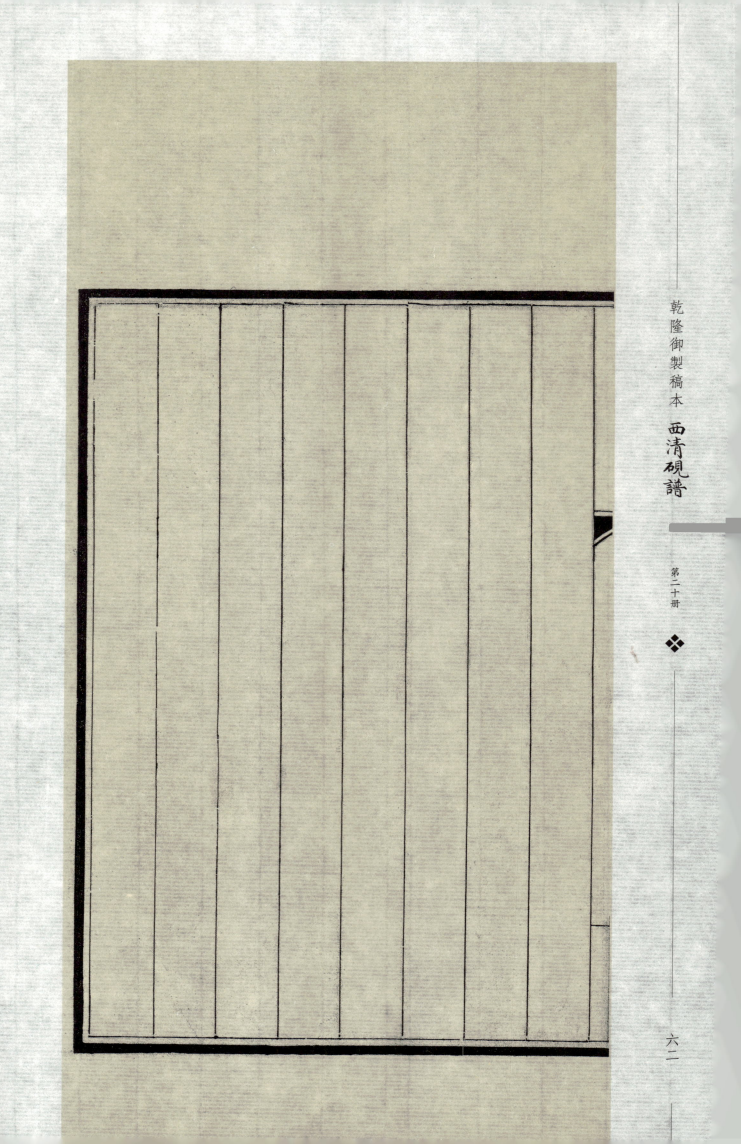

舊紅絲石鸜鵒硯背面圖

紅絲石出臨朐縣其色紅黄相間佳者絶不易得故世罕流傳是硯紅絲映帶鮮艷逾常而質古如玉洵為佳品